AF233416

Oz
1/48

PÉTITION.

A MESSIEURS LES MEMBRES

DE LA

CHAMBRE DES PAIRS.

Messieurs ;

Un étranger s'adresse à vous pour obtenir justice. Ailleurs, il pourroit craindre que ses demandes ne fussent pas écoutées ; mais il connoît la nation française ; il sait que ses mandataires n'examinent pas, pour faire cesser l'oppression, si la victime est née sur les bords du Tage ou de la Seine.

Voici les faits.

Après avoir servi ma patrie et mon Roi dans la péninsule, je me trouvai à Paris en 1815, obligé de retourner en Portugal, mon pays, et de passer par Madrid, où m'appeloient des intérêts assez graves.

Une jeune personne consentit à me suivre ; elle partit avec moi, et nous eûmes touché bientôt les frontières de l'Espagne. Cet événement fut dû à des circonstances malheureuses que je ne puis ni ne dois expliquer. Je désire même qu'on ne me force pas à le faire. J'ai eu des torts, je l'avoue ; mais quel est l'homme que les passions n'ont pas une fois égaré ?

M. le ministre de la police envoya à ma poursuite un agent nommé Boucher. Les pouvoirs que celui-ci avoit reçu ne pouvoient avoir de force que sur le territoire français. Cependant Boucher dépassa Bayonne, et arriva jusqu'à Madrid.

Il s'adressa à M. l'ambassadeur de S. M. T. C. ; il me représenta comme ayant employé la violence pour commettre un enlèvement punissable ; il inventa d'odieuses circonstances. Certainement M. l'ambassadeur ne devoit avoir aucune confiance dans les dépositions d'un agent qui n'avoit vis-à-vis de lui aucun caractère. Cependant il crut devoir recourir contre moi à l'usage de toute l'autorité que son Souverain lui avoit confiée. Ses sollicitations pressantes, faites au nom du gouvernement français, ébranlèrent le cabinet espagnol ; et par l'effet de son crédit, je me trouvai arrêté dans ma demeure, séparé de celle qui m'avoit suivi ; placé comme elle, pendant douze jours, sous la surveillance de quinze hommes, qui ne nous permettoient ni à l'un ni à l'autre de sortir des lieux qui nous avoient été assignés pour prison.

Je ne pus recouvrer ma liberté qu'en payant 3 fr. par jour pour chacun des sbires qui m'avoient si bien gardés, et en outre je fus obligé, sur l'ordre de M. de Montmorency lui-même, de payer à Boucher toutes les dépenses qu'il avoit faites à Madrid, et de lui donner en outre 4000 fr., pour les frais du retour en France de la personne qui m'avoit accompagné.

M. de Montmorency ne crut pas même devoir s'arrêter à ces traitemens qui, sans doute, lui parurent trop doux. Ses recommandations, toujours faites dans les formes diplomatiques, me poursuivirent. D'abord, je reçus l'ordre de sortir des Espagnes, sur sa demande, et comme satisfaction due au gouvernement français ; peu de temps après, quand j'arrivai à Lisbonne, ce fut pour apprendre que

le gouvernement espagnol , sur la sollicitation du gouvernement français , demandoit que mon procès fût instruit pour cause d'enlèvement,
et qu'une peine grave me fût appliquée. La régence ne crut pas pou-
voir résister à des recommandations si puissantes. En vain je repré-
sentai que je ne pouvois pas être jugé à Lisbonne pour un fait qui
s'étoit passé à Paris ; que mon action , quoique blâmable aux yeux de
la morale, n'étoit cependant ni un crime ni un délit aux yeux des
lois françaises ; que la personne qui m'avoit accompagné avoit plus
de seize ans ; que je ne l'avois point enlevée, mais qu'elle avoit con-
senti à me suivre ; et qu'aux termes de votre Code pénal, comme la
Cour de cassation l'a jugé, l'enlèvement n'est punissable que dans
deux cas ; savoir, quand la personne enlevée a moins de seize ans ;
ou quand ayant plus de seize ans et moins de vingt-un , elle a été
enlevée par fraude ou violence. Ces raisons étoient décisives ; mais
qu'importe la justice quand la politique parle ; et que pouvoit la
régence , quand deux puissances , telles que la France et l'Espagne ,
se réunissoient pour m'accabler ? Je fus privé de mes biens et de mes emplois, et mon procès fut commencé : l'accusation ne tendoit rien
moins qu'à me faire subir la peine de mort ; et elle étoit d'autant
plus dangereuse, qu'elle faisoit regarder la preuve de l'enlèvement
comme résultant des plaintes du gouvernement français et du gouvernement espagnol.

Repoussé de ma patrie, ne sachant plus où reposer ma tête, je suis
venu en 1816 demander un asile à cette nation même dont on sup-
posoit que j'avois outragé les lois. Tout mon désir étoit de me faire
juger par vos tribunaux : je provoquai moi-même leur censure. En
1817 je fis assigner, devant le tribunal civil de Paris, Boucher, M. de
Montmorency et deux autres personnes ; je demandai contre les deux
premiers , qu'ils fussent condamnés à rétracter les dénonciations qu'ils
avoient portées contre moi à Madrid, et contre les autres que le jugement leur fût déclaré commun.

M. de Montmorency étoit alors à Paris : il ne crut pas devoir descendre
avec moi dans l'arène judiciaire ; il lui parut plus convenable et sur-
tout plus sûr de recourir à un coup d'autorité. Il pria d'abord S. Exc.
M. le ministre de la police de me donner l'ordre de sortir de France.

Je dus au noble caractère du ministre, qui ne vit qu'un procès dont les tribunaux étoient saisis, où M. de Montmorency n'avoit vu qu'une offense, de n'être point victime d'un nouvel acte arbitraire. Ma tranquillité personnelle ne fut pas un instant troublée ; mais si M. l'ambassadeur ne put se débarrasser de ma personne, du moins il trouva les moyens de se débarrasser de ma demande. Je ne puis deviner quelles considérations il fit alors valoir auprès de S. Exc. M. le ministre des affaires étrangères ; mais en juin 1817, l'huissier qui avoit donné l'assignation, et l'avoué qui occupoit pour moi, furent appelés au parquet de M. le procureur du Roi. Je les accompagnai : ce magistrat nous donna connoissance d'une lettre qu'il venoit de recevoir de M. le sous-secrétaire d'Etat au département de la justice ; lettre dans laquelle en étoit relatée une autre de S. Exc. M. le ministre des affaires étrangères. En substance j'appris d'une manière officielle, que M. le duc de Richelieu avoit écrit à M. le garde des sceaux que M. de Montmorency n'avoit agi contre moi à Madrid que sur les ordres du gouvernement. En conséquence de cette lettre, M. le sous-secrétaire d'Etat au département de la justice mandoit à M. le procureur du Roi de requérir d'office que l'assignation que j'avois fait donner à M. de Montmorency fût annulée, parce qu'il s'agissoit d'un fait relatif aux fonctions de M. l'ambassadeur, il lui recommandoit en outre de censurer sévèrement les officiers ministériels qui avoient donné ou fait donner l'assignation.

Obligé par ma position d'étudier vos institutions et vos lois, j'avoue que cette dernière partie de la lettre de M. le sous-secrétaire d'Etat ne me parut rien moins que constitutionnelle ; car enfin il décidoit à l'avance une question que le tribunal seul avoit le droit de juger, et dans tous les cas, à la peine des dépens que vos lois comme celles de tous les pays prononcent contre le plaideur qui succombe ; il ajoutoit celle de la censure contre l'huissier ou l'avoué, que vos lois ne prononcent pas ; mais il ne m'appartient pas d'examiner si en menaçant ainsi de peines de discipline l'huissier qui assigne un fonctionnaire public à la requête d'un particulier, on ne détruit pas chez vous dans son principe le droit d'obtenir justice.

Je trouvois encore dans la communication faite par M. le procureur du Roi, un motif de surprise. M. le duc de Richelieu déclaroit que M. de Montmorency n'avoit agi que sur les ordres du gouvernement. Quels étoient ces ordres? A quelle époque avoient-ils été donnés? J'en entendois parler pour la première fois en 1817, et le fait s'étoit passé en 1815; j'étois et je suis encore certain qu'il n'est jamais émané d'ordre de M. le duc de Richelieu. Cela n'étoit pas même possible. Boucher d'abord, et M. de Montmorency ensuite, avoient agi contre moi avec tant de rapidité, que j'étois sorti de Madrid avant que M. le duc de Richelieu eût pu apprendre que je m'étois dirigé sur cette ville, et conséquemment envoyer des instructions à M. l'ambassadeur.

Je fis de très-humbles remontrances à M. le duc de Richelieu, et je m'occupai de faire finir mon procès. Le tribunal rendit son jugement le 28 août dernier. Il n'a point été attaqué; il est maintenant passé en force de chose jugée. Je crois devoir le rapporter :

« Le tribunal...... attendu que Boucher, sans avoir reçu aucune
» mission à cet effet, a dénoncé le commandeur de Sodré auprès de
» M. l'ambassadeur français à Madrid, comme coupable d'avoir
» enlevé la demoiselle de ★★★, par fraude ou violence, de la maison
» où elle avoit été placée par...... Attendu qu'il résulte des faits et
» circonstances de la cause, que Sodré n'a employé ni fraude ni
» violence; que même si la demoiselle de ★★★, âgée de plus de seize
» ans, l'a suivi à Madrid, c'est uniquement par suite de circonstances
» malheureuses qui ne peuvent être imputées à crime à Sodré; attendu
» néanmoins que les dénonciations du sieur Boucher ont occasionné
» un préjudice grave à Sodré.......; ordonne que dans le délai de
» quinze jours...... le sieur Boucher sera tenu de déclarer par acte,
» au greffe, que le sieur Sodré n'a pas enlevé la demoiselle de ★★★;
» qu'il n'a employé ni fraude ni violence pour l'engager à le suivre
» à Madrid; et ce délai passé, ordonne que le présent jugement en
» tiendra lieu; déclare le présent jugement commun avec..... con-
» damne le sieur Boucher aux dépens vis à vis du sieur Sodré..... et
» statuant sur la demande en déclaration de jugement commun formé
» par le sieur Sodré contre M. le duc de Laval Montmorency,
» attendu que Sodré n'a point obtenu du conseil d'Etat l'autorisation

» préalable nécessaire pour former sa demande, la déclare nulle et
» de nul effet ; condamne le sieur Sodré aux dépens à cet égard. »

Ainsi il est jugé en France que je n'ai commis ni un crime ni un
délit.

Pressé de regagner l'opinion de M. le duc de Richelieu, je lui
adressai une copie du jugement avant d'en avoir l'expédition en forme
authentique. Le 23 septembre 1817, Son Excellence m'en accusa
réception, et elle ajouta : « Comme vous avez intérêt à faire connoître
» cette décision au gouvernement espagnol, ainsi qu'à la régence de
» Portugal, j'ai eu soin de la transmettre aux légations de Sa Majesté
» à Madrid et à Lisbonne, en les invitant à faire cette communi-
» cation. »

Je crus, d'après cette lettre, n'avoir plus que des actions de grâce
à rendre à M. le duc, et je pensai que mon affaire alloit être terminée.
Il étoit tout naturel, en effet, de supposer que Son Excellence, en
écrivant aux deux légations, les auroit invitées de déclarer que le gouvernement français n'avoit aucun intérêt à ce que je fusse plus long-
temps privé de mes biens, de mes droits, et menacé dans ma liberté. Mais
il paroît, ou du moins je l'ai appris ainsi par des lettres de Lisbonne,
que Son Excellence, tout en invitant M. le chargé d'affaires de France
en Portugal à communiquer la copie du jugement à la régence, et
à lui déclarer qu'il n'y avoit plus lieu de me poursuivre, ajouta que
cependant la copie lui avoit été adressée sans être revêtue de formes
authentiques, de sorte qu'on ne pouvoit pas encore y ajouter foi.

La dernière partie de la lettre de Son Excellence détruisoit l'effet
de la première. Aussi la régence crut-elle ne rien devoir changer à
ses déterminations.

Depuis, j'ai adressé à M. le duc de Richelieu une expédition authentique du jugement ; j'ai prié, et fait prier Son Excellence de
vouloir bien la transmettre dans les formes diplomatiques, aux deux
légations de Madrid et de Lisbonne. Son Excellence, toute entière,
sans doute, à de plus hautes occupations, a négligé de faire droit à
mes demandes réitérées. Ma position ne change pas ; je pourrois à la
vérité recourir à mon Roi dont les ordres justes et souverains me se-

roient sans doute favorables ; mais de trop longues distances m'en-
lèvent cette ressource ou en retarderoient presque indéfiniment l'effet.
Cependant je reste soumis aux mêmes dangers ; je suis prévenu d'une
manière positive que je ne pourrois reparoître, en raison du même
fait, ni en Portugal ni même en Espagne, et je reste ainsi accablé
sous le poids de trois gouvernemens qui me poursuivent quand l'autorité judiciaire a décidé que je ne suis point coupable.

Tout vient de M. l'ambassadeur français. C'est lui qui, en parlant
au nom de son gouvernement, a forcé le ministère espagnol de porter
des plaintes à la régence de Portugal. S'il s'étoit borné à réclamer
la personne qui étoit avec moi, (quoique cependant il n'y fut
pas légalement autorisé) je ne lui adresserois aucun reproche ;
mais quand il m'a fait arrêter à mon arrivée à Madrid, quel droit
avoit-il sur ma personne ? moi étranger, moi qui ne puis être soumis aux autorités françaises qu'autant que je me trouve en France.
Encore, si j'eusse commis un crime, si une accusation judiciaire
eût été portée contre moi devant vos tribunaux ; mais non, aucune
plainte n'avoit été rendue, et quand je me suis présenté devant les
organes de vos lois, ils ont jugé, d'après elles, que je n'avois encouru
aucune peine.

Ainsi, M. l'ambassadeur a fait à mon égard à Madrid, ce qu'il
n'auroit pas pu faire en France. Il l'a fait sur les seules dénonciations
d'un agent de police qui n'avoit auprès de lui aucun caractère ; bien
plus, ses plaintes reportées à Lisbonne avec toute la force que pouvoit
leur imprimer le gouvernement espagnol, je ne suis vu, et je me vois
encore, privé de mes emplois et de mes biens, frappé d'une accusation
capitale, exposé à une condamnation, et tout cela quand il est irré-
vocablement jugé en France que je suis innocent. Les dénonciations
de Boucher sont déclarées fausses ; celles de M. de Montmorency ne
sont autres que celles de Boucher ; et telle est cependant la rigueur
de ma position, que la force des recommandations diplomatiques, et
les formes secrètes de la procédure criminelle suivie dans ma patrie,
m'y livreroit presque sans défense à l'accusation dont je suis l'objet.

Sans doute, j'aurois pu attaquer M. de Montmorency, et je l'avois
déjà fait. M. le duc de Richelieu l'a mis sous sa sauve-garde,

déclarant qu'il n'avoit agi que sur les ordres du gouvernement; dès lors vos tribunaux m'ont été fermés. M'adresserai-je maintenant au conseil d'Etat? Et pourquoi faire? n'y retrouverois-je pas la même puissance qui m'a déjà ravi les voies judiciaires?

M. le duc de Richelieu s'est rendu responsable des actions de M. de Montmorency, en déclarant qu'il les avoit autorisées. Ce n'est plus qu'à lui que je puis m'adresser. Jusqu'à présent je me suis borné à lui porter des plaintes respectueuses; j'ignore par quelle fatalité elles n'ont point été écoutées; j'invoque maintenant, Messieurs, votre puissante intervention. C'est votre nation, agissant par M. le ministre des affaires étrangères, qui précipite sur moi le gouvernement espagnol et la régence de Portugal; c'est à vous, qui représentez votre nation, que je m'adresse pour obtenir justice. Mes demandes n'ont rien que de légitime; elles n'ont qu'un but, c'est que M. le duc de Richelieu daigne écrire à Madrid et à Lisbonne, que le gouvernement français ne me poursuit pas, qu'il ne peut même pas me poursuivre, et que s'il n'existe contre moi que ses plaintes où celles du gouvernement d'Espagne à la régence de Portugal par suite du fait passé à Paris, je dois être réintégré dans tous mes droits.

Si l'un de vos compatriotes venoit vous dire : Je suis poursuivi par le ministère, dépouillé de mes biens, menacé de perdre ma liberté, peut-être la vie, et tout cela pour un fait que les tribunaux ont déclaré n'être point punissable; saisis d'une noble commisération, vous viendriez sur-le-champ au secours de la victime. Ma position est la même, et je viens vous dire en outre : Je suis étranger; comment donc votre gouvernement qui n'est pas chargé de me protéger vient-il se charger de ma perte? Pourquoi fait-il plus contre moi à Madrid et à Lisbonne, qu'il ne pourroit faire à Paris?

Je suis avec respect,

Messieurs,

Votre très-humble, très-obéissant
et très-dévoué serviteur,

Paris, ce 22 avril 1818.

Le Commandeur DE SODRÉ.

DE L'IMPRIMERIE DE LE NORMANT, RUE DE SEINE.

COPIE

De la Lettre adressée à Son Excellence Monseigneur le duc
DE RICHELIEU, *Ministre des affaires étrangères.*

Monseigneur,

Avant d'adresser aux deux Chambres la pétition dont j'ai l'honneur de vous
envoyer un exemplaire, je crois devoir vous la soumettre. Je me plains haute-
ment de M. de Laval-Montmorency; sa conduite envers moi n'a été qu'une
suite de fautes graves. Mettant de côté la circonspection, la mesure qui doivent
caractériser les personnages diplomatiques, il s'est livré à des persécutions
arbitraires que les lois françaises lui interdisoient, mais que son titre d'ambassadeur lui a rendues faciles. Dans l'ignorance de tous les principes, il m'a
réputé coupable quand je n'ai jamais été légalement accusé; il a demandé
qu'on m'appliquât les lois de Portugal pour un fait qui s'étoit passé à Paris; et
même, dénaturant toutes les circonstances, il a représenté ma conduite comme
ayant appelé la sévère censure des tribunaux, quand je n'avois encouru que
celle de l'opinion publique.

Cependant le mal est fait. Repoussé de ma patrie, je vis sur une terre
étrangère, dépouillé de tout, pareil aux victimes de l'exil, aspirant au jour où
je pourrai revoir le sol de mes pères. Plusieurs fois déjà ma voix s'est élevée
jusqu'à vous pour obtenir justice; je vous l'ai demandée, parce que la justice
est une dette de l'homme élevé en dignité; je vous la demande encore, Monseigneur, j'ose même l'attendre de votre caractère; je ne me résoudrois à faire un
éclat toujours pénible, que si j'y étois forcé par votre silence ou vos refus; je
regrette même profondément que la prochaine clôture des Chambres ne me
permette pas d'attendre la réponse de Votre Excellence plus de quelques jours.

Je suis avec respect,

Monseigneur,

Votre très-humble et très-obéissant serviteur.
Signé le commandeur DE SODRÉ.

P. S. J'ai l'honneur de vous remettre ci-joint, une seconde fois, un extrait légalisé
du jugement qui a prononcé mon innocence dans l'affaire dont je suis obligé de vous
entretenir.

Paris, le 22 avril 1818.

Paris, le 28 avril 1818.

RÉPONSE à la Lettre précédente.

Monsieur,

Le 19 septembre dernier, j'ai transmis à la Légation de France, à Lisbonne, la copie que vous veniez de m'adresser d'un jugement rendu à votre égard par le tribunal de première instance du département de la Seine. J'invitai cette Légation à en donner connoissance à votre Gouvernement ; et je viens de lui transmettre, dans la même vue, la copie légalisée de ce jugement, qui se trouve jointe à votre lettre du 22 avril courant.

Recevez, Monsieur, l'assurance de ma parfaite considération.

Signé RICHELIEU.

26

www.ingramcontent.com/pod-product-compliance
Lightning Source LLC
LaVergne TN
LVHW021758030726
842523LV00003B/1099